FIT FÜR DIE SCHULE

Logisch denken

1. und 2. Klasse

Von Dr. Edelgard Moers
Illustrationen und Gestaltung von Marcus Frey

STOCKMANN Didaktik

TESSLOFF

Wo ist der Schatz?

In dieser geheimnisvollen Burg soll ein kostbarer Schatz versteckt sein. Weißt du, wo er ist? Auf der Burgmauer stehen geheimnisvolle Zeichen. Sie helfen dir dabei. Kreuze im Bild an, wo der Schatz verborgen ist.

Tipp: Lies die Wörter von hinten nach vorn.

Was schreibt Steffi?

Steffi schreibt ihrer Freundin einen Brief. Damit nicht alle sofort sehen, was darin steht, wendet sie einen Trick an. Du schaffst es sicher, den Brief zu lesen. Schreibe den Text in die Zeilen.

Hier ein Tipp: Lies von rechts nach links. Ein Spiegel hilft dir.
Halte ihn jeweils neben ein Wort.

Versuche, einen Antwortbrief in Spiegelschrift zu schreiben. Wenn du willst, kannst du einen Trick anwenden. Schreibe den Text zunächst in normaler Schrift auf ein weißes Blatt. Dann drehe das Blatt um und halte es vor eine Fensterscheibe. Nun erkennst du den Text in Spiegelschrift. Du brauchst jetzt nur noch die Linien nachziehen.

Annas Antwort

Anna schreibt Steffi auch einen Brief. Aber statt Buchstaben hat sie Zahlen verwendet. Du findest sicher heraus, was Anna Steffi antwortet. Schreibe die Buchstaben unter die Zahlen.

12 9 5 2 5 19 20 5 6 6 9!

9 3 8 8 1 2 5 5 9 14

19 16 1 14 14 5 14 4 5 19

2 21 3 8 7 5 12 5 19 5 14.

23 9 12 12 19 20 4 21 5 19

1 21 19 12 5 9 8 5 14?

4 5 9 14 5 1 14 14 1

Schreibe hier als Hilfe das gesamte Alphabet auf und setze die Zahlen von 1 bis 26 unter die Buchstaben.

A B

1 2

Noch eine Geheimschrift

Steffi antwortet Anna in Buchstaben. Sie hat aber die Bedeutung der Buchstaben verändert, so dass A = B, B = C, C = D, usw. meint. Schaffst du es, auch diese Geheimschrift zu lesen? Schreibe den Text in die Zeilen.

Nochmal gespiegelt

Jan schreibt einen Brief an seinen Freund. Damit ihn nicht alle lesen können, schreibt er ihn in Spiegelschrift. Er wendet aber einen anderen Trick an als Steffi. Du kannst den Text sicher trotzdem lesen. Trage ihn unten ein.

Tipp: Halte einen Spiegel nacheinander über jede Zeile, damit du den Text lesen kannst.

Die geheime Nachricht

In diesem Buchstabengewirr hat Jan für seinen Freund Lukas eine wichtige geheime Nachricht versteckt. Du bist bestimmt ein guter Detektiv und kannst sie lesen. Kreise die Wörter, die du entdeckst, mit einem Stift ein.

B	X	M	A	H	E	U	T	E	D	P	R	M	T	C	R	Z	L
R	T	Z	O	Y	Q	E	R	N	A	C	H	M	I	T	T	A	G
Q	C	X	Y	S	U	M	R	T	R	Z	W	E	I	S	U	H	R
Q	E	Q	G	E	R	T	R	E	F	F	E	N	X	L	H	M	T
W	Z	M	R	W	L	J	S	F	T	R	B	C	N	R	D	S	R
A	Q	S	F	S	R	T	Z	W	I	R	V	U	R	R	S	I	K
W	A	F	J	T	W	O	P	G	W	J	C	B	M	R	V	D	S
R	E	W	D	P	R	Y	L	P	F	U	N	S	R	W	Q	A	Z
Y	N	M	K	J	A	F	D	D	H	M	L	E	D	S	A	T	N
X	M	F	R	L	H	M	F	P	A	N	P	I	D	E	R	T	G
F	Y	V	M	F	G	F	M	H	J	M	F	G	M	H	L	C	X
J	K	L	F	C	N	X	V	Y	A	L	T	E	N	R	A	W	Q
R	K	S	X	Y	P	T	R	W	K	L	S	W	Y	K	Q	B	S
P	C	Y	M	W	S	Q	L	P	R	X	B	V	Y	M	L	C	J
F	P	R	Q	W	A	S	S	E	R	M	Ü	H	L	E	P	Q	Y
P	Z	R	L	T	W	L	R	C	V	B	M	R	G	K	H	L	G

Tierkinder

Die Tiere auf dieser Seite haben Junge bekommen. Kannst du die Tierkinder ihren Eltern zuordnen?
Weißt du, wie man die Tierkinder nennt? Schreibe ihre Namen in die Zeilen.

____

____

____

____

Welpen

____

Das Jahr des Apfelbaums

Ein Apfelbaum verändert sich im Laufe eines Jahres, je nachdem, ob es Frühling, Sommer, Herbst oder Winter ist. Lies die vier Apfelbaum-Texte und verbinde sie mit den richtigen Jahreszeiten.

Alles einpacken!

Was muss Lukas in seine Schultasche packen? Verbinde, was zusammengehört. Schreibe die Wörter in die Schultasche.

Blei
Ord
Hef
Map

pe
te
ner
stift

Was muss Steffi in ihren Koffer packen? Verbinde, was zusammengehört. Schreibe die Wörter in den Koffer.

Ho
Schu
So
Hand
Sei

fe
tuch
se
cken
he

Der Rangiermeister

Jan hat auf jeden Wagen und auf jede Lokomotive ein Wort geschrieben. Welche Wagen gehören zu welcher Lokomotive?

Wer schnappt die Felder?

Aus dem 100er-Feld sind einige Teile herausgefallen. Schau mal, wer sie sich geschnappt hat! Fülle schnell die leeren Felder wieder aus.

37	38
47	

	17	18	19	20
			29	30

1	2	3	4	5	6	7	8	9	10
11	12	13	14	15	16	17	18	19	20
21	22	23	24	25	26	27	28	29	30
31	32	33	34	35	36	37	38	39	40
41	42	43	44	45	46	47	48	49	50
51	52	53	54	55	56	57	58	59	60
61	62	63	64	65	66	67	68	69	70
71	72	73	74	75	76	77	78	79	80
81	82	83	84	85	86	87	88	89	90
91	92	93	95	95	96	97	98	99	100

11	12		
21			
31			

	25		
		35	
		45	

Zahlenblubberkreise

Setze die Zahlen an die passenden Stellen, so dass eine richtige Rechenaufgabe entsteht.

Richtig oder falsch?

Lies jeden einzelnen Satz und entscheide, ob er richtig oder falsch ist. Streiche die falschen Sätze durch. Begründe deine Entscheidung.

1 Zwei Schuhe zusammen sind ein Paar.

2 Der Elefant ist klein und hat ein blaues Fell.

3 Entenküken schlüpfen aus Eiern.

4 In der Nacht scheint die Sonne.

5 Am Apfelbaum wachsen Birnen.

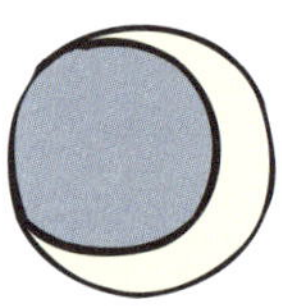

6 Der Mond scheint in der Nacht.

7 Eine Insel ist ein Stück Land im Meer.

8 Ein Brontosaurus ist klein und hat rosa Federn.

Der Löwe und die Maus

Diese Fabel von Äsop ist etwas durcheinander geraten. Sortiere die Sätze in die richtige Reihenfolge und schreibe die Zahlen von 1 bis 7 in die Kreise. Sprich dir den Text laut vor.

- ◯ Kurze Zeit später verfing sich der Löwe in dem Netz des Jägers.
- ◯ Der Löwe lachte zwar über die Worte der Maus, ließ sie aber laufen.
- ◯ Ein Löwe fing eine Maus und wollte sie auffressen.
- ◯ „Siehst du", sagte sie, „so kann auch eine kleine Maus einem großen Löwen das Leben retten."
- ◯ Sie zernagte mit ihren Zähnen das Netz und befreite so den Löwen.
- ◯ Das rief die Maus: „Oh, König der Tiere, bitte verschone mich. Wenn du mich auffrisst, wirst du nicht satt. Wenn du mich aber laufen lässt, kann ich dir vielleicht sogar einmal das Leben retten."
- ◯ Die Maus hörte sein verzweifeltes Brüllen und eilte herbei.

Kennst du diese Tiere?

Schau dir diese Tiere an. Sicher kennst du ihre Namen. Schreibe den richtigen Namen unter jedes Tier.

Weißt du das?

Du kennst sicherlich viele Tiere. Kannst du auch diese Fragen richtig beantworten? Schlage im Lexikon nach, wenn du nicht sicher bist.

a) Welche Tiere haben Federn?

___

b) Welche Tiere haben ein Fell?

___

c) Welche Tiere haben Schuppen?

___

d) Welche Tiere haben eine dicke Haut?

___

e) Welche Tiere haben vier Beine?

___

f) Welche Tiere haben zwei Beine?

___

g) Welche Tiere haben keine Beine?

___

h) Welche Tiere haben Zähne?

___

i) Welche Tiere haben einen Schnabel?

___

Der Storch

Lies den Text über den Storch genau durch. Decke dann den Text mit einem Blatt Papier zu und beantworte die Fragen.

Der Storch hat ein weißes Federkleid und einen roten Schnabel. Er ist ein ausgezeichneter Segler und kann fast so hoch wie ein Adler fliegen. Er hält sich gerne am Moor oder in einer wasserreichen Gegend auf und ernährt sich überwiegend von Fröschen. Mit seinem Partner baut er auf einem Schornstein oder Kirchturm ein Nest. Wenn die Jungen ausgewachsen und flügge sind, ziehen sie mit ihren Storcheneltern im Herbst nach Süden ins warme Afrika. Früher glaubten die Menschen, dass ein Storch Glück bringt, und sie freuten sich, wenn in ihrem Dorf ein Pärchen brütete.

Welche Farbe haben Störche?....Was fressen sie am liebsten?....Wo halten sie sich gerne auf?....Wo bauen Störche ihr Nest?....Wohin ziehen Störche im Herbst?....Warum freuten sich früher die Menschen, wenn ein Storchenpaar in ihrem Dorf brütete?

Der Pinguin

Lies den Text über die Pinguine genau durch. Decke dann den Text mit einem Blatt zu und beantworte die Fragen.

Pinguine leben am Südpol, wo es so richtig kalt ist. Es gibt aber auch Arten, die in Südamerika und Südafrika zu Hause sind. Der Kaiserpinguin ist etwa einen Meter groß, der Magellanpinguin, der Felsenpinguin und der Zwergpinguin sind kleiner. Pinguine können nicht fliegen. Sie können aber sehr gut schwimmen und tauchen. Ihre kurzen Flügelstummel benutzen sie unter Wasser als Ruder. Mit den Schwimmfüßen paddeln sie. Auf dem Land bewegen sie sich sehr ungeschickt und watscheln wie eine Ente. Pinguine fressen gerne Fische und leben mit anderen Pinguinen in großen Kolonien zusammen. Das Weibchen legt immer nur ein Ei. Das Männchen nimmt das Ei auf seine Füße und brütet es aus. Das geschlüpfte Junge bleibt zunächst unter der wärmenden und schützenden Hautfalte des Männchens.

Wo leben Pinguine?....Wie groß werden Pinguine?....Was können Pinguine gut?....Was können Pinguine nicht?....Wie viele Eier legt das Weibchen?....Wer brütet?....Wie schwimmen Pinguine?....Wie laufen sie?....Wie leben sie mit anderen Pinguinen zusammen?

Wer tut was?

Jeder tut etwas. Schreibe auf:

a) Die Fliege…

fliegt

b) Der Brummer…

c) Der Roller…

d) Der Sieger…

e) Der Verlierer…

f) Der Springer…

g) Der Schreiber…

h) Der Schläfer…

i) Der Ringer…

j) Der Turner...

k) Der Maler…

So ein Quatsch!

Jan und Lukas haben Nonsenssätze aufgeschrieben. Kannst du trotzdem die verschiedenen Wortarten erkennen? Dann unterstreiche Namenwörter grün, Tuwörter rot und Wiewörter blau.

DAS STUNK STUNKT.

DAS OLL OLLT.

DAS SOCK SOCKT AM SOCKENHUF.

DER MOLLIGE MOLLI MOLLT AM MOLLFLOCK.

DIE SUMMIGE SUMMSE SUMMT AM SUMMSENSUMS.

DER MOCKIGE MOCK MOCKT AM MOCKRING.

DER KNALLER KNALLT AM KNALLIGEN KNALLTOPF.

Kennst du auch schon die Satzteile Satzgegenstand (Subjekt), Satzaussage (Prädikat), Satzergänzung (Objekt)? Kannst du diese Satzteile auch schon in den Nonsens-Sätzen entdecken?

Wörterballons

Lies die Wörter, die in den Ballons stehen. In jedem Ballon passt ein Wort nicht zu den anderen. Streiche es durch. Begründe deine Entscheidung.

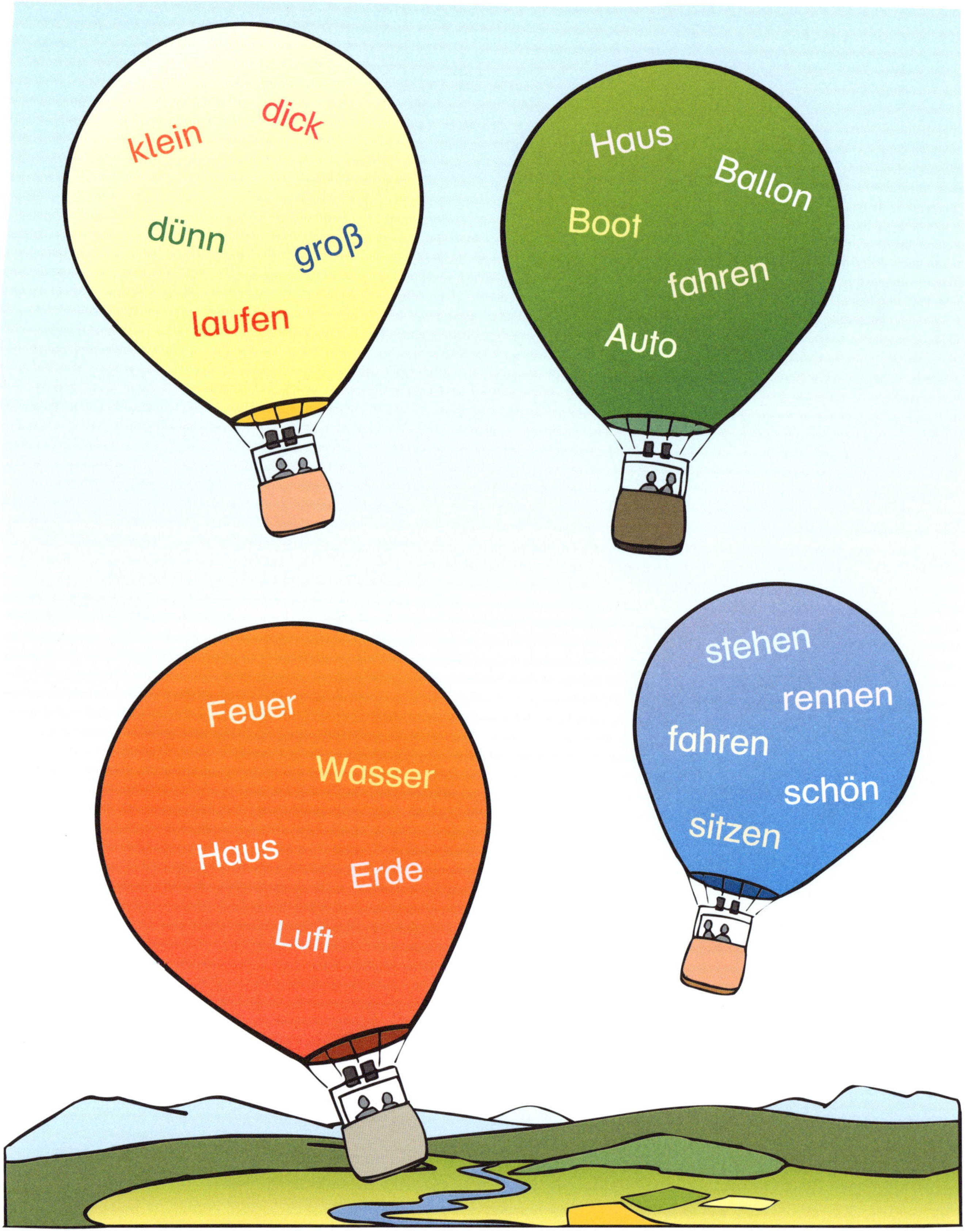

Annas Zimmer

Hier siehst du Annas Zimmer. Schau dir das Bild genau an und merke dir, wo Annas Sachen sind. Fülle dann den Lückentext unten auf der Seite aus.

a) Das Buch liegt ____________ dem Tisch.

b) Die Schultasche steht ____________ dem Tisch.

c) Die Lampe hängt ____________ dem Tisch.

d) Der Stuhl steht ____________ dem Tisch.

e) Das Heft liegt ____________ der Schublade.

f) Das Bild hängt ____________ der Wand.

g) Der Fahrradhelm liegt ____________ dem Schrank.

Die Verabredung

Nach der Schule unterhalten sich Anna und Steffi miteinander. In welcher Reihenfolge müssen die Sätze stehen? Trage die Zahlen von 1 - 10 in die Kästchen ein.

a) Hallo, Steffi! Hast du heute Nachmittag schon etwas vor?

b) Das ist gut. Ich habe nämlich eine Idee.

c) Nein, ich habe am Nachmittag frei. Turnen fällt aus und meine Hausaufgaben habe ich schon fertig.

d) Da bin ich aber neugierig.

e) Bis gleich, Anna!

f) Gut, Steffi, dann kannst du um halb zwei bei mir sein.

g) Ich hole dich gleich nach dem Mittagessen ab.

h) Das ist wirklich eine gute Idee. Aber ich habe keine Schlittschuhe.

i) Macht nichts. Ich habe auch keine. In der Eishalle können wir uns Schlittschuhe ausleihen.

j) Wir könnten in der Eishalle Schlittschuh laufen!

Steffis Tag

Hier siehst du, was Steffi an einem Tag alles macht. Kannst du Steffis Tagesablauf in die richtige Reihenfolge bringen? Schreibe die Zahlen von 1 bis 10 in die gelben Kreise.

15.00 Steffi macht ihre Hausaufgaben.

8.00 Steffi ist in der Schule.

Steffi wird wach.

Steffi schläft.

20.00

Der Wecker hat geklingelt.

Steffi frühstückt.

7.30

7.00

Die Schule ist zu Ende. Steffi geht nach Hause.

14.00 Steffi isst zu Mittag.

13.00

18.00

17.00

Steffi übt ein Flötenstück.

19.00

Steffi liest ihr Abenteuerbuch weiter.

Steffi isst zu Abend.

Annas Telefonbuch

Bisher hat Anna die Telefonnummern ihrer Freunde nur auf kleinen Zetteln aufgeschrieben. Jetzt möchte sie die Namen alphabetisch in ihr neues Telefonbuch eintragen. Hilfst du ihr dabei?

Phillip Telefon 33348

Jan Telefon 8111

Pia Telefon 3518

Steffi Telefon 218

Lukas Telefon 110754

Marco Telefon 2058

Susi Telefon 22552

Pauline Telefon 8795

Charlotte Telefon 67890

Markus Telefon 12345

Vier Freunde treffen sich

Steffi, Anna, Lukas und Jan wollen sich heute Nachmittag an der alten Buche treffen. In welcher Reihenfolge müssen sie von zu Hause weggehen, damit alle zur gleichen Zeit am Treffpunkt sind?

Zuerst geht ________________ , weil ______ den weitesten Weg hat.

Anschließend geht ______________________________ .

Danach verlässt ____________________________________ das Haus.

Zuletzt macht sich _____________ auf den Weg, weil __________ die kürzeste Strecke zurücklegt.

Luftschlangen

Wie gehen diese Zahlenreihen weiter? Schreibe die richtigen Zahlen in die Kreise.

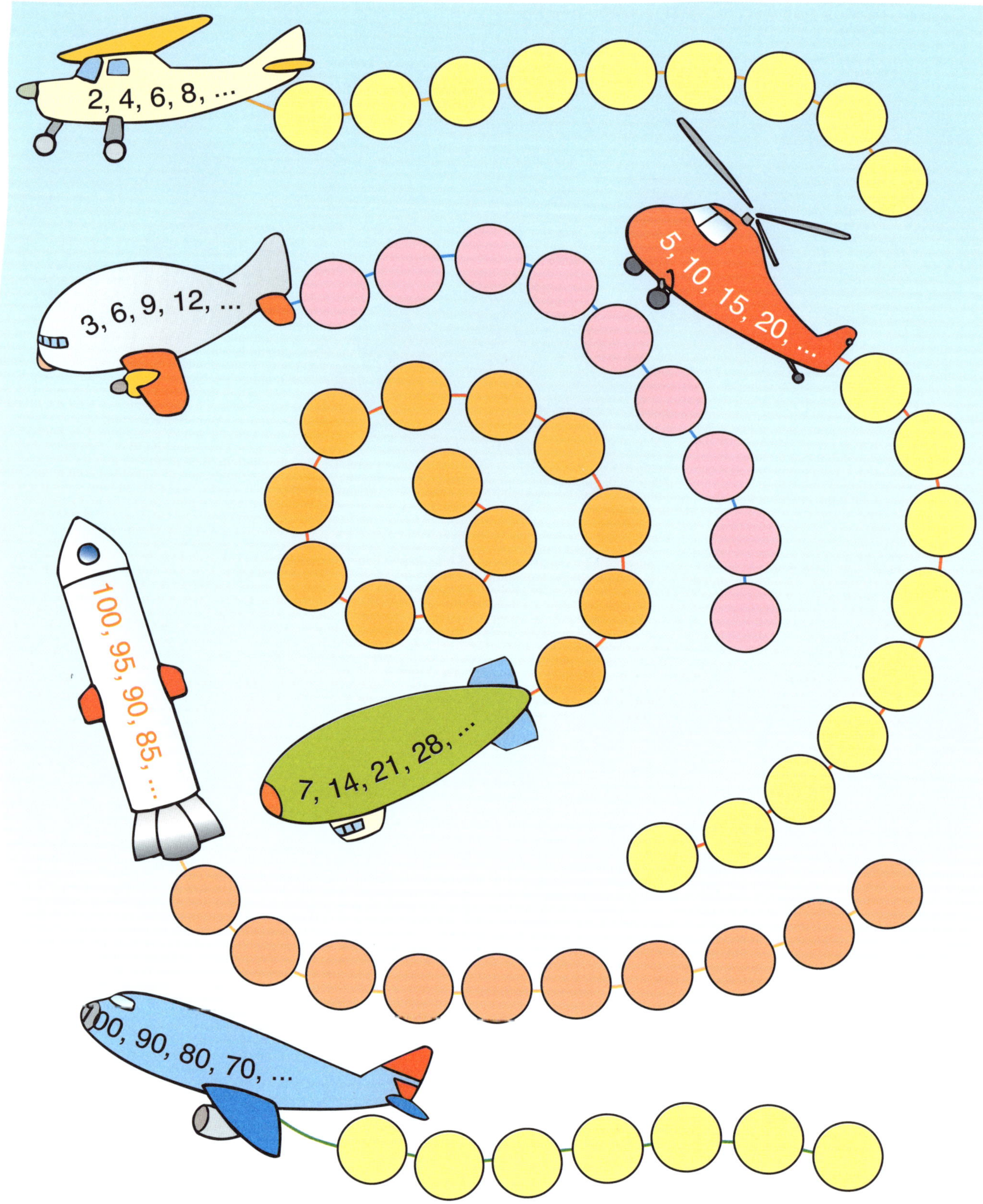

Seeschlangen

Wie gehen diese Zahlenreihen weiter? Schreibe die richtigen Zahlen in die Kreise.

Aufgaben von Lukas und Anna

Lukas und Anna haben sich etwas für dich ausgedacht. Kannst du diese Aufgaben lösen?

Reihen und Regeln

Jan erfindet eine Zahlenreihe. Steffi überlegt und sagt ihm, wie die Regel heißt, nach der er die Zahlen angeordnet hat. Sie will die fehlenden Zahlen der Zahlenreihen dazu schreiben. Hilf ihr dabei.

1

1	5	2	6	3	7	

Die Regel heißt: + ☐ - ☐

Jetzt hat sich Steffi eine Zahlenreihe ausgedacht und Jan soll sie weiterführen.

2

1	7	5	11	9	15	

Die Regel heißt: ______________________

Anna denkt sich eine ganz besonders schwierige Reihe aus. Weißt du, wie sie weitergeht?

3

100	95	97	92	94	89	

Die Regel heißt: ______________________

Geometrische Formen

In vielen Gegenständen, die wir jeden Tag sehen, finden wir geometrische Formen wieder. Welche Form siehst du in…

Rechteck

a) …einem Schulheft?

____

b) …einem Autoreifen?

____

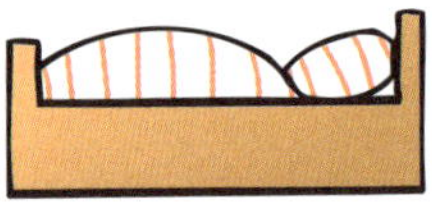

c) …einem Bett?

____

Quadrat

d) …dieser Uhr?

____

e) …einem Tannenbaum?

____

Dreieck

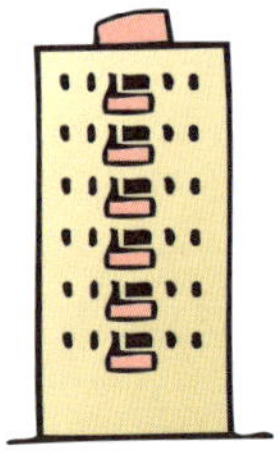

f) …einem Hochhaus?

____

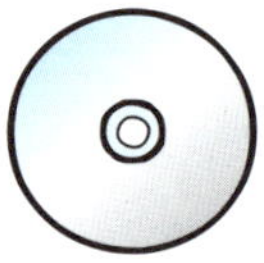

g) …einer CD?

____

Kreis

h) …einer CD-Hülle?

____

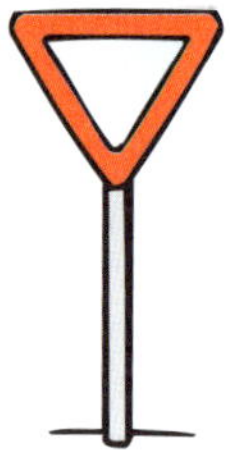

i) …diesem Verkehrschild?

____

Dreiecks-Rätsel

Hier kommt ein richtig schwieriges Rätsel! Du musst ganz genau hinsehen! Wie viele Dreiecke kannst du insgesamt erkennen?

Quadratisches Rätsel

Schau dir das Bild genau an. Wie viele Quadrate kannst du insgesamt erkennen?

1

Schau dir jetzt dieses Bild genau an. Wie viele Quadrate kannst du hier insgesamt erkennen?

2

Der Würfel

Ein Würfel gibt uns einige Rätsel auf. Du siehst immer nur den vorderen Teil. Der hintere Teil ist für dich unsichtbar. Schau das Bild genau an und vergleiche mit einem richtigen Würfel.

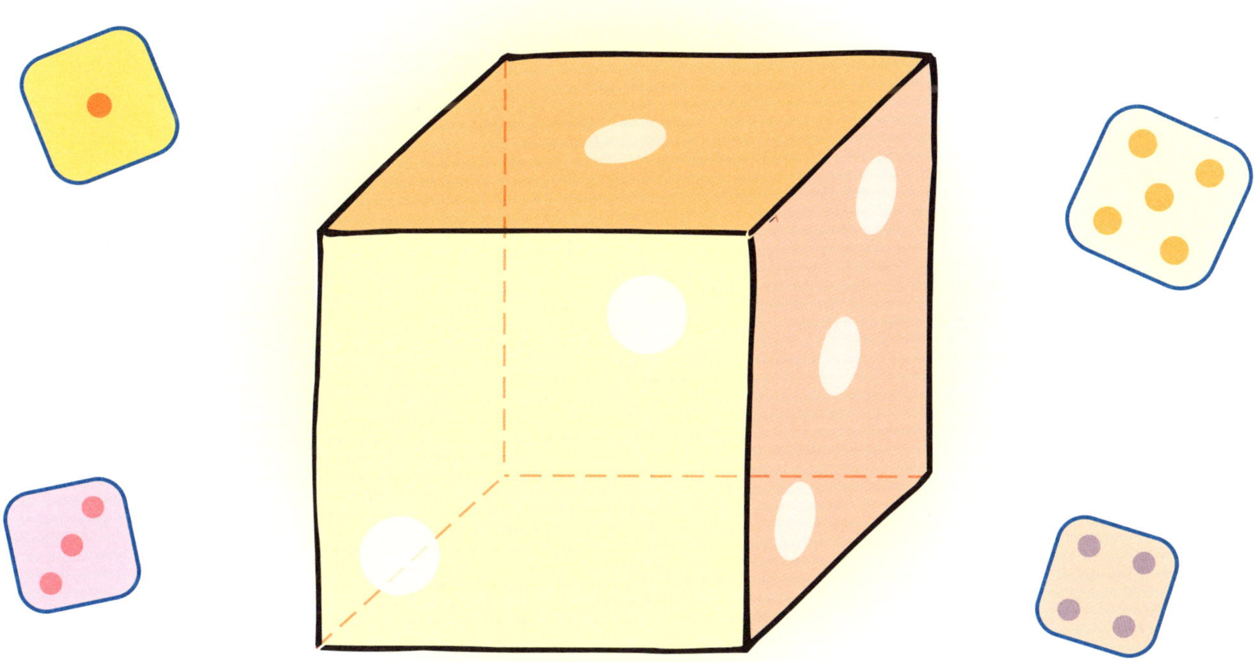

a) Wie viele Ecken hat er? ______________________

b) Wie viele Kanten hat er? ______________________

c) Wie viele Flächen hat er? ______________________

d) Wenn vorn ⚀ zu sehen ist, dann steht hinten ⚅

e) Wenn vorn ⚁ zu sehen ist, dann steht hinten ⚄

f) Wenn vorn ⚂ zu sehen ist, dann steht hinten ☐

g) Wenn vorn ⚃ zu sehen ist, dann steht hinten ☐

h) Wenn vorn ⚄ zu sehen ist, dann steht hinten ☐

i) Wenn vorn ⚅ zu sehen ist, dann steht hinten ☐

Siehst du hier eine Regel?

Schiffe versenken

Steffi hat sich ein Raster aufgezeichnet und dann ein Schiff hineingemalt. In welchen Planquadraten befindet sich das Schiff?

Das Schiff befindet sich in den Planquadraten:

Zeichne ein weiteres Schiff in die Planquadrate F7, G7, H7, F8, G8 und H8 ein.

Ball spielen

Zeichne im Planquadrat B1 ein lachendes Gesicht ein.
Zeichne im Planquadrat J7 ein zweites Gesicht ein.
Zeichne im Planquadrat B2 ein Dreieck ein.
Zeichne im Planquadrat J8 ein Quadrat ein.
Zeichne in den Planquadraten B3 und J9 zwei senkrechte Striche ein. Was siehst du?

	A	B	C	D	E	F	G	H	I	J
1										
2										
3										
4										
5										
6										
7										
8										
9										
10										

Stell dir vor, die beiden Figuren, die du eingezeichnet hast, spielen mit einem Ball. In welchem Planquadrat muss der Ball sein, wenn er auf einer geraden Linie genau in der Mitte zwischen den beiden Figuren ist?

Am Fluss

Am Ufer eines Flusses stehen diese Bäume. Sie spiegeln sich im klaren Wasser. Doch etwas stimmt hier nicht. Schau ganz genau hin. Findest du den Fehler?

Was ist hier falsch?

Die beiden Hälften dieser Bilder sind nicht ganz symmetrisch. Findest du die Unterschiede heraus? Kreise sie ein.

1

2

Spiegelbild

Lukas hält den Spiegel an die Symmetrieachse dieses Bildes. Zeichne ein, was er sieht.

Jans Maschine

Jan hat mit seinem neuen Technikbaukasten verschiedene Zahnräder zu einer Maschine zusammengebaut. Jetzt soll Anna raten, in welche Richtung sich jeweils das rote Rad dreht. Du findest es bestimmt auch heraus.

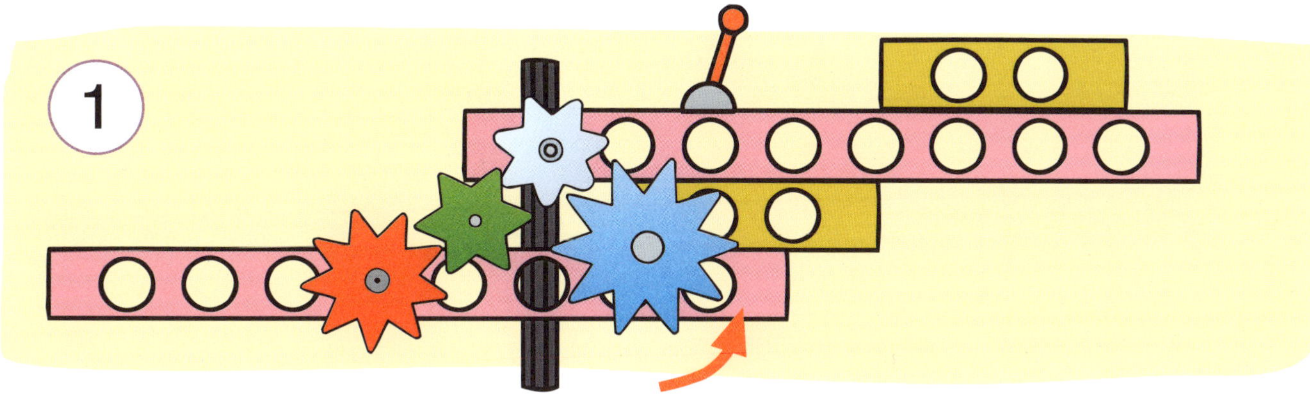

Von links nach rechts

Lukas hat auf der linken Seite eine Form eingezeichnet. Steffi soll sie auf der rechten Seite gespiegelt einzeichnen. Hilfst du ihr dabei?

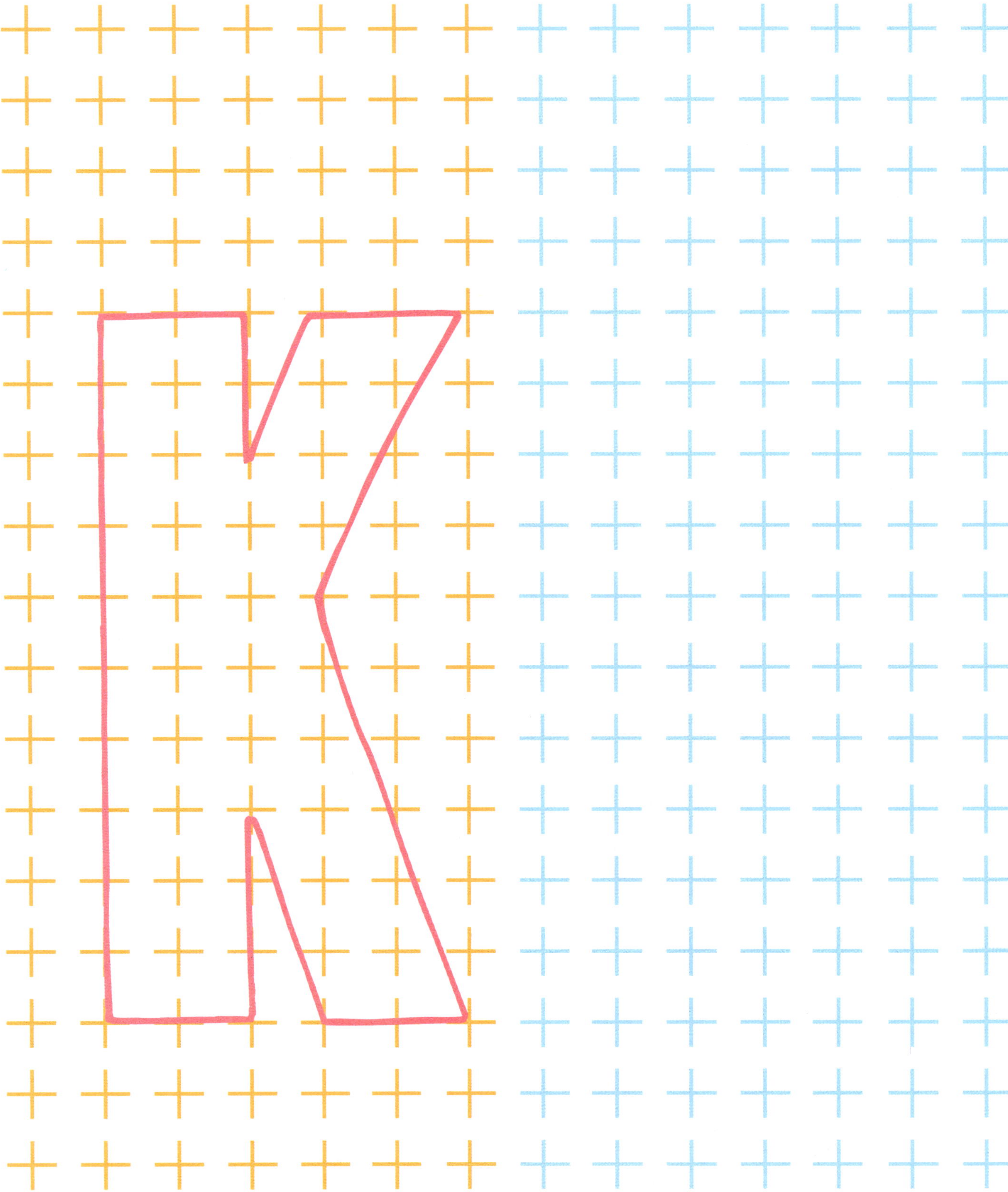

Von rechts nach links

Jetzt hat Anna auf der rechten Seite eine Form eingezeichnet. Lukas soll die Form auf der linken Seite gespiegelt einzeichnen. Hilfst du ihm dabei?

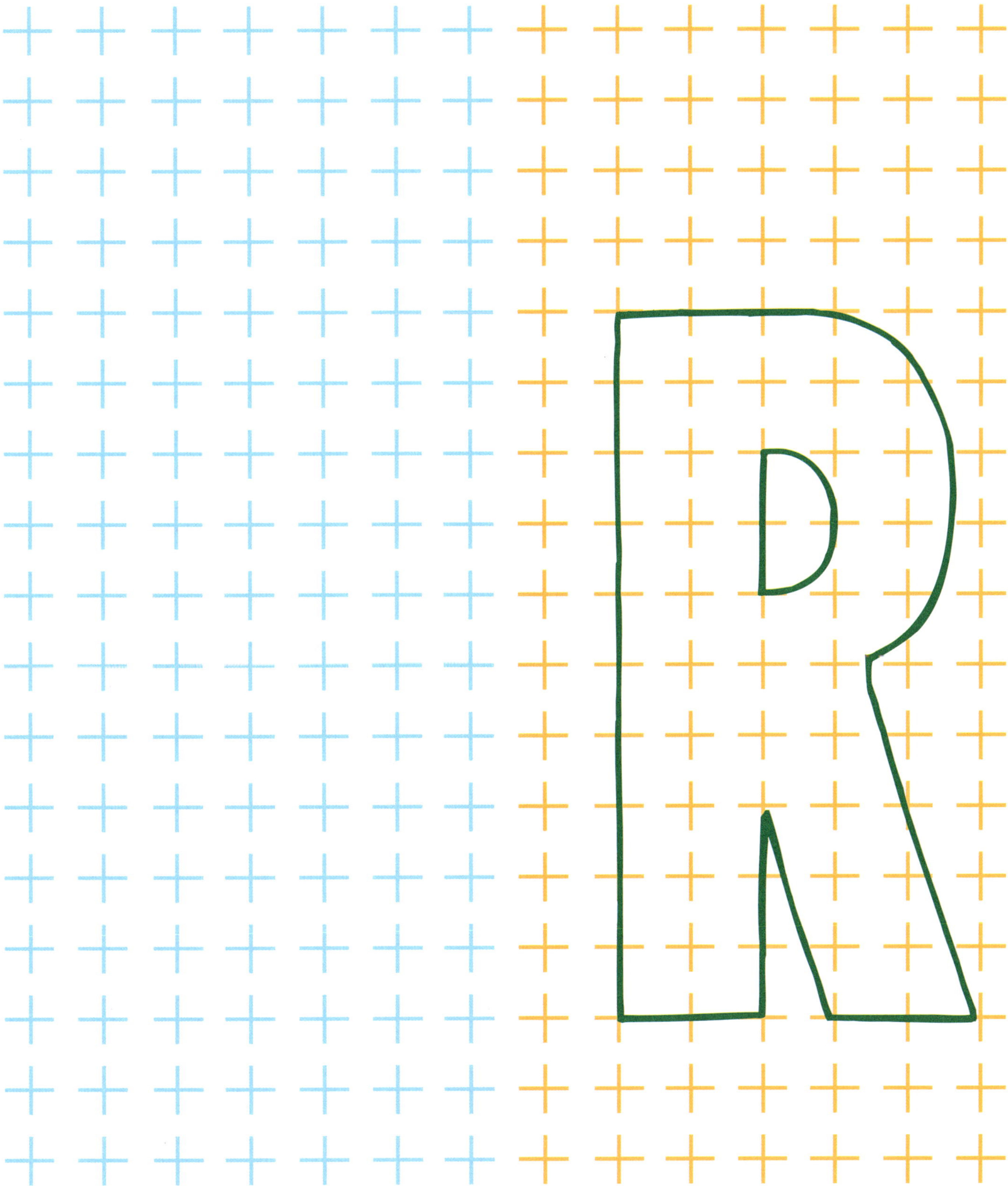

Lauter komische Tiere

Steffi, Anna, Lukas und Jan machen einen Ausflug in den Zoo. Der Tierpfleger hat sich für die Kinder einen Spaß ausgedacht und die Namen der Tiere verdreht. Schreibe auf, wie die Tiere richtig heißen.

a) E gu dil

b) Kro pa te

c) Pa le ru

d) Kän ko chen

e) Pin gu gei

f) Schild schwein fant

g) Meer krö in

Teekesselchen

Teekesselchen sind immer zwei verschiedene Dinge, die aber den gleichen Namen haben. Kannst du die Teekessel-Rätsel lösen?

Mein Teekesselchen braucht Strom und kann dann leuchten.

Mein Teekesselchen ist saftig und gesund.

Das Teekesselchen ist ______________.

Mein Teekesselchen ist ein kleines, flinkes Tier mit einem grauen Fell.

Mein Teekesselchen braucht man, um einen Computer zu bedienen.

Das Teekesselchen ist ______________.

Mein Teekesselchen ist ein Tier, auf dem Kinder gerne reiten.

Mein Teekesselchen haben viele Menschen am Kopf.

Das Teekesselchen ist ______________.

Geburtstagsrätsel

Steffi hat Geburtstag und denkt sich für die Feier einige Spiele aus, bei denen ihre Freunde Preise gewinnen können, wenn sie die richtigen Antworten wissen.

Markiere die langen Vokale rot und die kurzen Vokale grün.

Wie viele Vokale?

	lang	kurz
Regenschirm		
Sonnenblume		
Rosengarten		
Badeanzug		
Apfelsine		
Schlosspark		
Mathematikbuch		

Kannst du das?

Für jeden langen Vokal gibt es zwei Punkte, für jeden kurzen Vokal gibt es einen Punkt. Wie viele Punkte hat jedes Wort?

Punkte

Schultasche

Ostermontag

Sturmflut

Wasserfall

Regenwolken

Kasperlepuppe

Wagenrennen

Dampfschiff

Ein Wort, zwei Wörter

Welche Buchstaben kannst du hier als Anfangsbuchstaben einsetzen, damit Namenwörter entstehen? Es gibt immer zwei Möglichkeiten. Die Bilder helfen dir. Trage die Buchstaben in die Kästchen ein und schreibe die Namenwörter in die Zeilen.

a) ☐ ☐ → aus ____________________

b) ☐ ☐ → onne ____________________

c) ☐ ☐ → opf ____________________

d) ☐ ☐ → and ____________________

e) ☐ ☐ → ose ____________________

f) ☐ ☐ → anne ____________________

g) ☐ ☐ → essel ____________________

h) ☐ ☐ → amm ____________________

Stadt - Land - Fluss

Steffi und ihre Gäste spielen Stadt – Land – Fluss. In welche Felder ordnen sie die Wörter ein?

Stadt	Land	Fluss	Säugetier
D			
M			

Name	Beruf	Blume	Vogel

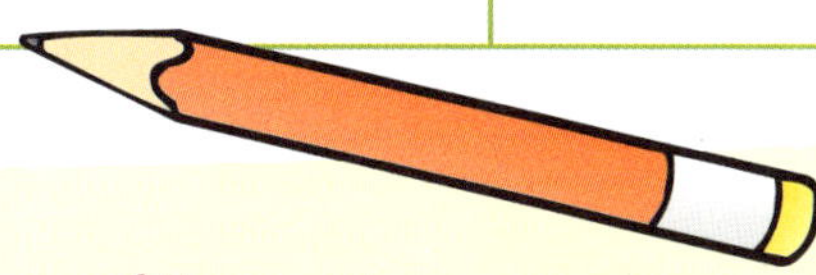

Maiglöckchen Italien Doris Donau

Marion Dahlie Monaco Ingo Maus

Main Dachs Iserlohn

Isar Iltis Imker Ibis

Iris München Dachdecker Dresden Maurer

Drossel Dänemark Meise

Versteckte Wörter

Auf Steffis Geburtstagsfeier gibt es noch weitere schwere Knobelaufgaben. Du findest bestimmt die Lösungen.
Welche Wörter verstecken sich in den folgenden Begriffen? Schreibe sie in die Zeilen.

a) SONNENBLUMENFELD

b) AUTOBAHNBRÜCKE

c) GEBURTSTAGSGESCHENK

d) HAUSAUFGABEN

e) HALTESTELLE

f) HALLENHANDBALLSPIEL

Annas Rätsel

Anna hat sich eine besonders schwierige Aufgabe ausgedacht. Steffi soll auf der rechten Seite mit den Buchstaben einen Weg malen, der zu dem vorgegebenen auf der linken Seite symmetrisch ist.

Steffi kommt dabei ins Schwitzen und muss genau hinschauen und aufpassen. Findest du den Lösungsspruch? Schreibe ihn noch einmal in die Kästchen hinein.

									X	L	Ö	W	E	N	K	Ä	F	I	G
						X	X	X	X	E	S	E	N	T	E	N	S	E	E
						X				I	L	T	I	S	B	E	I	N	E
						X				T	A	S	S	E	N	U	N	D	E
			X	X	X	X				R	A	U	T	W	I	E	S	E	N
			X							W	U	N	D	E	R	T	Ü	T	E
	X	X	X							S	C	H	A	U	F	R	Ä	U	M
	X									W	H	A	U	S	N	U	M	M	E
	X									A	P	F	E	L	O	B	I	E	N
	X									S	O	N	N	E	N	B	A	N	D

Lösungsspruch:

Zahlen sortieren

Steffi und Anna sortieren Zahlen. In die rote Kiste kommen alle Zahlen, die Ecken haben. In die blaue Kiste kommen alle Zahlen, die keine Ecken haben.

8 5 4 7
0 2 2
8 2
9 4
7 5 8
1 5 0 1
2 8 7
7 2
0 9 1
4 1 8 9
2 1

a) Wie viele Zahlen sind in der roten Kiste?

b) Wie viele Zahlen sind in der blauen Kiste?

c) Zähle alle Zahlen im Kopf zusammen. Was kommt heraus?

Zahlenmagie

Nun versuche es nochmal mit einer neu ausgedachten Zahl.

Nun versuche es nochmal mit einer neu ausgedachten Zahl.

Was fällt dir auf? (Tipp: Schau dir einmal die Zahlen an, die du in den beiden Aufgaben dazuzählen sollst.)

Immer 33!

Lukas kann schon bis 100 rechnen. Er legt die Zahlen so zusammen, dass immer 3 Kästchen nebeneinander und 8 Kästchen untereinander stehen und in jeder Zeile 33 herauskommt. Schaffst du das auch?

Immer 50!

Jan kann auch schon bis 100 rechnen. Er legt die Zahlen so zusammen, dass immer 4 Kästchen nebeneinander und 10 Kästchen untereinander stehen und jede Zeile die Summe 50 ergibt. Kannst du das auch?

Überall Zahlen

In allen diesen Begriffen steckt eine Zahl. Suche sie heraus und unterstreiche sie. Nun zähle alle Zahlen zusammen. Wie lautet die Lösung?

Die heiligen drei Könige

Schneewittchen und die sieben Zwerge

Ali Baba und die vierzig Räuber

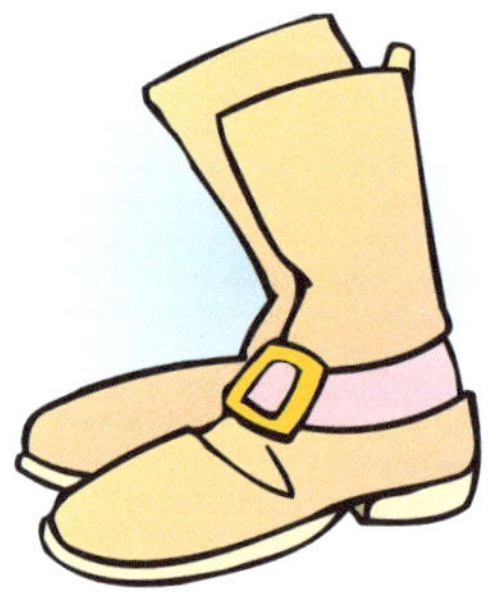

Siebenmeilenstiefel

Die zwölf Apostel

Die sieben Geißlein

Elfmeter

Die Lösung ist

Taschengeld

Steffi, Anna, Lukas und Jan vergleichen ihr Taschengeld. Wie viel Cent hat jedes Kind? Wer hat die meisten Cent? Wer hat die wenigsten Cent?

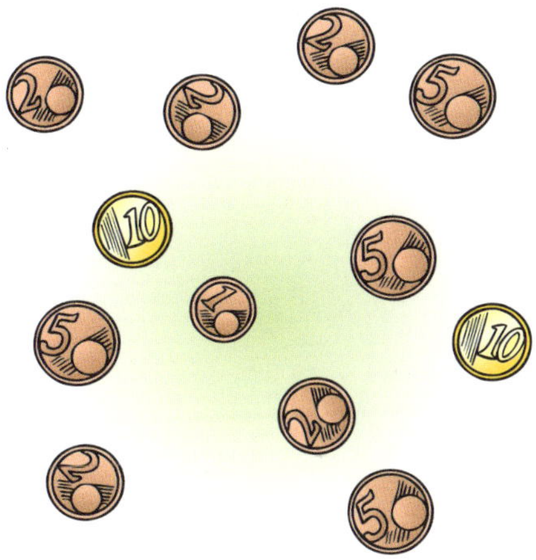

a) Steffi hat ______ Cent.

b) Anna hat ______ Cent.

c) Jan hat ______ Cent.

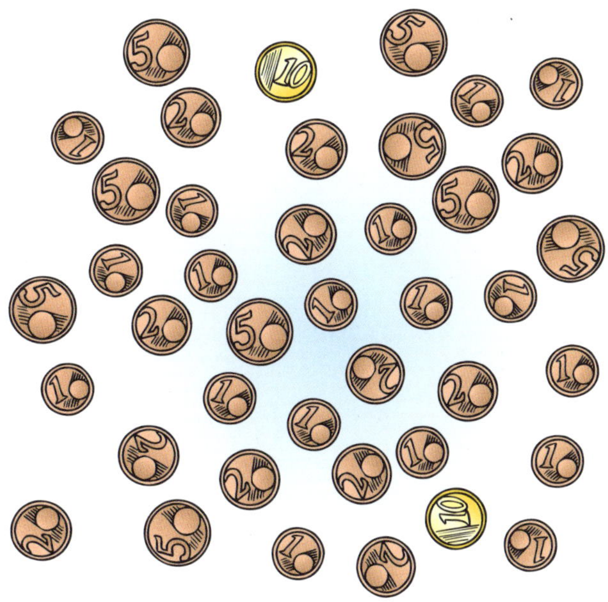

d) Lukas hat ______ Cent.

e) Die meisten Cent hat ____________________

f) Die wenigsten Cent hat ____________________

Zahlenriesen

Welche dieser großen Zahlen lässt sich durch 3 teilen?

Tipp: Eine Zahl ist durch 3 teilbar, wenn die Quersumme durch 3 teilbar ist.

Der Ausflug

Die Klasse 2 a macht eine Klassenfahrt zu einem Bauernhof. Sie fahren mit dem Bus am Montag um 9 Uhr von der Schule ab. Nach 60 Stunden sind sie wieder an der Schule. An welchem Tag zu welcher Uhrzeit kommen sie zurück?

Für die Hinfahrt benötigen sie 7 Stunden. Die Rückfahrt dauert ebenso lange. Wie viele Stunden waren sie auf dem Bauernhof?

a) Sie kommen am ____________________ um __________ Uhr zurück.

b) Sie waren ________ Stunden auf dem Bauernhof.

S. 2 Der Schatz ist hinter dem oberen Turmfenster.

S. 3 Liebe Anna! Was tust du gerade? Schreibe mir auch einen Brief. Deine Steffi

S. 4 Liebe Steffi! Ich habe ein spannendes Buch gelesen. Willst du es ausleihen? Deine Anna

S. 5 Liebe Anna, kannst du mir das Buch morgen mitbringen? Deine Steffi

S. 6 Lieber Lukas! Ich wünsche mir einen Hund. Vielleicht bekomme ich einen zum Geburtstag. Dein Jan

S. 7

B	X	M	A	H	E	U	T	E	D	P	R	M	T	C	R	Z	L
R	T	Z	O	Y	Q	E	R	N	A	C	H	M	I	T	T	A	G
Q	C	X	Y	S	U	M	R	T	R	Z	W	E	I	S	U	H	R
Q	E	Q	G	E	R	T	R	E	F	F	E	N	X	L	H	M	T
W	Z	M	R	W	L	J	S	F	T	R	B	C	N	R	D	S	R
A	Q	S	F	S	R	T	Z	W	I	R	V	U	R	R	S	I	K
W	A	F	J	T	W	O	P	G	W	J	C	B	M	R	V	D	S
R	E	W	D	P	R	Y	L	P	F	U	N	S	R	W	Q	A	Z
Y	N	M	K	J	A	F	D	D	H	M	L	E	D	S	A	T	N
X	M	F	R	L	H	M	F	P	A	N	P	I	D	E	R	T	G
F	Y	V	M	F	G	F	M	H	J	M	F	G	M	H	L	C	X
J	K	L	F	C	N	X	V	Y	A	L	T	E	N	R	A	W	Q
R	K	S	X	Y	P	T	R	W	K	L	S	W	Y	K	Q	B	S
P	C	Y	M	W	S	Q	L	P	R	X	B	V	Y	M	L	C	J
F	P	R	Q	W	A	S	S	E	R	M	Ü	H	L	E	P	Q	Y
P	Z	R	L	T	W	L	R	C	V	B	M	R	G	K	H	L	G

S. 8 Die Tierkinder heißen Ferkel, Fohlen, Küken, Kalb, Welpen und Lamm.

S. 9 1 Winter, 2 Herbst, 3 Sommer, 4 Frühling.

S. 10 Lukas packt diese Dinge in seine Schultasche: Bleistift, Ordner, Hefte, Mappe.
Steffi packt diese Dinge in ihren Koffer: Hose, Schuhe, Socken, Handtuch, Seife.

S. 11 Farben: gelb, rot, blau; Besteck: Gabel, Messer, Löffel; Kleidung: Jacke, Hose, Pullover; Zahlen: fünf, drei, acht; Möbel: Tisch, Stuhl, Schrank.

S. 12

37	38
47	48
57	58
67	68
77	78
87	88

		8		
	17	18	19	20
26	27	28	29	30
		38	39	40
			49	50
			59	

	2		
11	12		
21	22	23	
31	32	33	34
41	42		

		25	26	27
33	34	35	36	
	44	45	46	47
	54	55	56	
		65		

S. 13 5+4=9, 11+21=32, 20+20+10=50

S. 14 Streiche durch: 2, 4, 5, 8.

S. 15 Schreibe die Zahlen in dieser Reihenfolge in die gelben Kreise: 4, 3, 1, 7, 6, 2, 5.

S. 16 Fisch, Elefant, Huhn, Schlange, Papagei, Nashorn, Löwe, Krokodil, Pferd, Tiger, Esel, Eidechse.

S. 17 a) Diese Tiere haben Federn: Huhn, Papagei. b) Diese Tiere haben ein Fell: Löwe, Pferd, Tiger, Esel. c) Diese Tiere haben Schuppen: Fisch, Schlange, Krokodil, Eidechse. d) Diese Tiere haben eine dicke Haut: Elefant, Nashorn. e) Diese Tiere haben vier Beine: Elefant, Nashorn, Löwe, Krokodil, Pferd, Tiger, Esel, Eidechse. f) Diese Tiere haben zwei Beine: Huhn, Papagei. g) Diese Tiere haben keine Beine: Fisch, Schlange. h) Diese Tiere haben Zähne: Fische (manchmal), Elefant, Schlange, Nashorn, Löwe, Krokodil, Pferd, Tiger, Esel. i) Diese Tiere haben einen Schnabel: Huhn, Papagei.

S. 18 Welche Farbe haben Störche? Störche haben ein weißes Federkleid und einen roten Schnabel Was fressen sie am liebsten? Sie fressen am liebsten Frösche. Wo halten sie sich gerne auf? Sie halten sich gerne am Moor oder in einer wasserreichen Gegend auf. Wo bauen Störche ihr Nest? Sie bauen ihr Nest auf einem Schornstein oder auf einem Kirchturm. Wohin ziehen Störche im Herbst? Sie ziehen im Herbst nach Süden ins warme Afrika. Warum freuten sich früher die Menschen, wenn ein Storchenpaar in ihrem Dorf brütete? Sie glaubten, dass ein Storch Glück bringt.

S. 19 Wo leben Pinguine? Pinguine leben am Südpol, wo es so richtig kalt ist. Manche Arten leben in Südamerika oder Südafrika. Wie groß werden Pinguine? Der Kaiserpinguin ist etwa einen Meter groß. Der Magellanpinguin, der Felsenpinguin und der Zwergpinguin sind kleiner. Was können Pinguine gut? Pinguine können gut schwimmen und tauchen.Was können Pinguine nicht? Pinguine können nicht fliegen. Wie viele Eier legt das Weibchen? Das Weibchen legt immer nur ein Ei. Wer brütet? Das Männchen brütet. Wie schwimmen Pinguine? Die Pinguine benutzen ihre kurzen Flügelstummel unter Wasser als Ruder. Mit den Schwimmfüßen paddeln sie. Wie laufen sie? Sie watscheln wie Enten. Wie leben sie mit anderen Pinguinen zusammen? Sie leben in großen Kolonien zusammen.

S. 20 a) Die Fliege fliegt. b) Der Brummer brummt. c) Der Roller rollt. d) Der Sieger siegt. e) Der Verlierer verliert. f) Der Springer springt. g) Der Schreiber schreibt. h) Der Schläfer schläft. i) Der Ringer ringt. j) Der Turner turnt. k) Der Maler malt.

S. 21 Das Stunk stunkt. — Subjekt | Präd.

Das Oll ollt. — Subjekt | Präd.

Das Sock sockt am Sockenhuf. — Subjekt | Präd. | Objekt

Der mollige Molli mollt am Mollflock. — Subjekt | Präd. | Objekt

Die summige Summse summt am Summsensumms. — Subjekt | Präd. | Objekt

Der mockige Mock mockt am Mockenring. — Subjekt | Präd. | Objekt

Der Knaller knallt am knalligen Knalltopf. — Subjekt | Präd. | Objekt

S. 22 Ballon 1: laufen ist ein Tuwort, die anderen Wörter sind Wiewörter.
Ballon 2: fahren ist ein Tuwort, die anderen Wörter sind Namenwörter.
Ballon 3: Haus ist ein Gebäude, die anderen Wörter bezeichnen die vier Elemente.
Ballon 4: schön ist ein Wiewort, die anderen Wörter sind Tuwörter.

S. 23 a) Das Buch liegt auf dem Tisch. b) Die Schultasche steht unter dem Tisch. c) Die Lampe hängt über dem Tisch. d) Der Stuhl steht neben dem Tisch. e) Das Heft liegt in der Schublade. f) Das Bild hängt an der Wand. g) Der Fahrradhelm liegt vor dem Schrank.

S. 24 1. Hallo Steffi! Hast du heute Nachmittag schon etwas vor? 2. Nein, ich habe am Nachmittag frei. Turnen fällt aus und meine Hausaufgaben habe ich schon fertig. 3. Das ist gut. Ich habe nämlich eine Idee. 4. Da bin ich aber neugierig. 5. Wir könnten in der Eishalle Schlittschuh laufen! 6. Das ist wirklich eine gute Idee. Aber ich habe keine Schlittschuhe. 7. Macht nichts. Ich habe auch keine. In der Eishalle können wir uns Schlittschuhe ausleihen. 8. Ich hole dich gleich nach dem Mittagessen ab. 9. Gut, Steffi, dann kannst du um halb zwei bei mir sein. 10. Bis gleich, Anna!

S. 25 1. 7.00 Uhr: Der Wecker hat geklingelt. Steffi wird wach. 2. 7.30 Uhr: Steffi frühstückt. 3. 8.00 Uhr: Steffi ist in der Schule. 4. 13.00 Uhr: Die Schule ist zu Ende. Steffi geht nach Hause. 5. 14.00 Uhr Steffi isst zu Mittag. 6. 15.00 Uhr: Steffi macht ihre Hausaufgaben. 7. 17.00 Uhr: Steffi übt ein Flötenstück. 8. 18.00 Uhr: Steffi liest ihr Abenteuerbuch weiter. 9. 19.00 Uhr: Steffi isst zu Abend. 10. 20.00 Uhr: Steffi schläft.

S. 26 Trage die Namen in dieser Reihenfolge in die Telefonliste ein: Charlotte, Jan, Lukas, Marco, Markus, Pauline, Phillip, Pia, Steffi, Susi.

S. 27 Zuerst geht Lukas, weil er den weitesten Weg hat. Anschließend geht Steffi. Danach verlässt Jan das Haus. Zuletzt macht sich Anna auf dem Weg, weil sie die kürzeste Strecke zurücklegt.

S. 28 10, 12, 14, 16, 18, 20, 22, 24, 26;
15, 18, 21, 27, 24, 30, 33, 36, 39;
25, 30, 35, 40, 45, 50, 55, 60, 65;
35, 42, 49, 56, 63, 70, 77, 84, 91, 98, 105, 112, 119
80, 75, 70, 65, 60, 55, 50, 45, 40, 35;
60, 50, 40, 30, 20, 10, 0

S. 29 43, 53, 63, 73, 83, 93, 103, 113;
14, 17, 20, 23, 26, 29, 32, 35;
24, 29, 34, 39, 44, 49, 54;
92, 90, 88, 86, 84, 82, 80, 78, 76;
16, 22, 29, 37, 46, 56, 67, 79, 92;
78, 71, 68, 61, 58, 51, 48, 41, 38

S. 30 5, 15, 25, 35, 45, 50, 51, 52, 53, 54, 55, 56, 57, 58, 59, 65, 75, 85, 95;
9, 19, 29, 39, 49, 59, 69, 79, 89, 90, 91, 92, 93, 94, 95, 96, 97, 98, 99

S. 31 1. 1, 5, 2, 6, 3, 7, 4, 8, 5, 9, 6, 10, 7, 11, 8, 12, 9, 13, 10, 14, 11;
Die Regel heißt: +4 -3.
2. 1, 7, 5, 11, 9, 15, 13, 19, 17, 23, 21, 27, 25, 31, 29, 35, 33, 39, 37, 43, 41;
Die Regel heißt +6 -2.
3. 100, 95, 97, 92, 94, 89, 91, 86, 88, 83, 85, 80, 82, 77, 79, 74, 76, 71, 73, 68, 70;
Die Regel heißt -5 +2.

S. 32 a) Schulheft: Rechteck; b) Autoreifen: Kreis; c) Bett: Rechteck; d) Uhr: Kreis; e) Tannenbaum: Dreieck; f) Hochhaus: Rechteck; g) CD: Kreis; h) CD-Hülle: Quadrat; i) Verkehrsschild: Dreieck.

S. 33 1. Dreiecks-Rätsel: 27 Dreiecke   2. Dreiecks-Rätsel: 8 Dreiecke

S. 34 1. Quadratisches Rätsel: 26 Quadrate   2. Quadratisches Rätsel: 29 Quadrate

S. 35 a) Ein Würfel hat 8 Ecken. b) Ein Würfel hat 12 Kanten. c) Ein Würfel hat 6 Flächen. d) Wenn vorn eine 1 zu sehen ist, dann steht hinten eine 6. e) Wenn vorn eine 2 zu sehen ist, dann steht hinten eine 5. f) Wenn vorn eine 3 zu sehen ist, dann steht hinten eine 4. g) Wenn vorn eine 4 zu sehen ist, dann steht hinten eine 3. h) Wenn vorn eine 5 zu sehen ist, dann steht hinten eine 2. i) Wenn vorn eine 6 zu sehen ist, dann steht hinten eine 1. Regel: Wenn du die gegenüberliegenden Augenzahlen zusammenzählst, erhältst du immer 7.

S. 36 Das Schiff befindet sich in den Planquadraten B2, C2, D2, B3, C3 und D3.

S. 37

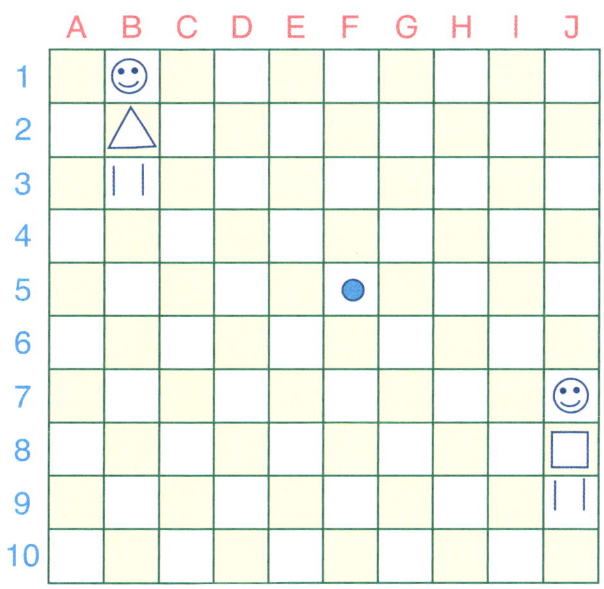

Der Ball muss im Planquadrat F 5 sein.

S. 38 Die beiden Bäume rechts im Bild sind im Spiegelbild vertauscht.

S. 39 1. Der Clown ist nicht symmetrisch, weil die Augen, der Mund und die Fliege nicht symmetrisch sind. 2. Die Burg ist nicht symmetrisch, weil beim linken Turm das Dach fehlt, in der Mitte eine Zinne fehlt, das Tor an einer Ecke rund und an der anderen spitz ist, die Farben beim Tor nicht gleich sind und die Ziegelsteine an den Türmen nicht symmetrisch sind.

S. 41 1. Das rote Rad dreht sich rechts herum. 2. Das rote Rad dreht sich rechts herum. 3. Das rote Rad dreht sich links herum.

S. 42

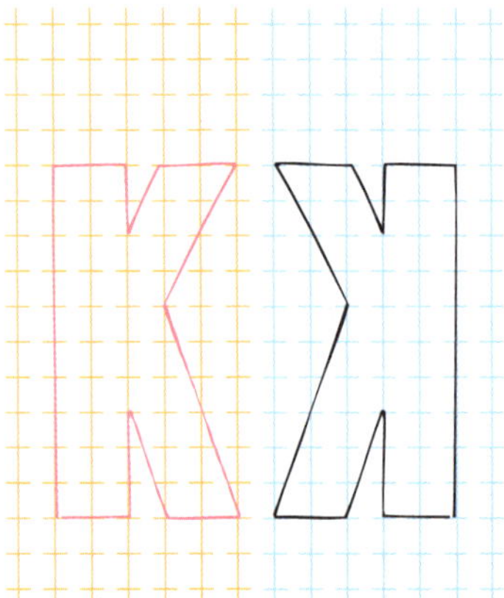

S. 43

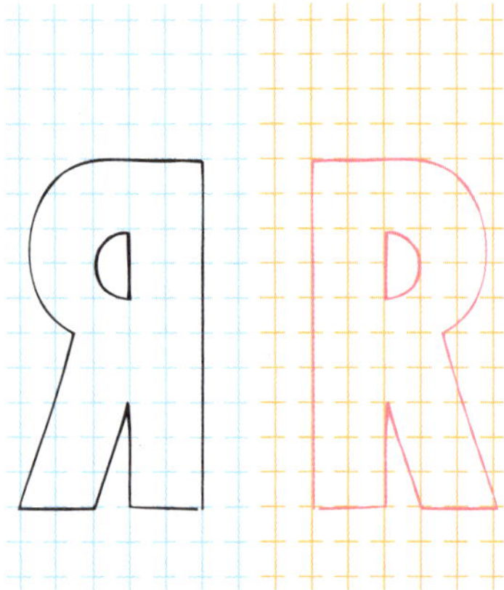

S. 44 Elefant, Krokodil, Papagei, Känguru, Pinguin, Schildkröte, Meerschweinchen.

S. 45 Das erste Teekesselchen ist eine Birne. Das zweite Teekesselchen ist eine Maus. Das dritte Teekesselchen ist ein Pony.

S. 46 Regenschirm hat drei Vokale, einen langen (e) und zwei kurze (e, i)
Sonnenblume hat vier Vokale, einen langen (u) und drei kurze (o, e, e)
Rosengarten hat vier Vokale, zwei lange (o, a) und zwei kurze (e, e)
Badeanzug hat vier Vokale, einen langen (a) und drei kurze (a, e, u)
Apfelsine hat vier Vokale, einen langen (i) und drei kurze (A, e, e)
Schlosspark hat zwei Vokale, einen langen (a) und einen kurzen (o)
Mathematikbuch hat fünf Vokale, einen langen (u) und vier kurze (a, e, a, i)

S. 47 Schultasche: ein langer Vokal (u), zwei kurze Vokale = 4 Punkte
Ostermontag: drei lange Vokale (O, o, a), ein kurzer Vokal = 7 Punkte
Sturmflut: ein langer Vokal (u), ein kurzer Vokal = 3 Punkte
Wasserfall: drei kurze Vokale = 3 Punkte
Regenwolken: ein langer Vokal (e), drei kurze Vokale = 5 Punkte
Kasperlepuppe: fünf kurze Vokale = 5 Punkte
Wagenrennen: ein langer Vokal (a), drei kurze Vokale = 5 Punkte
Dampfschiff: zwei kurze Vokale = 2 Punkte

S. 48 a) Haus – Maus; b) Sonne – Tonne; c) Kopf – Topf; d) Sand – Hand; e) Rose – Dose; f) Tanne – Kanne; g) Kessel – Sessel; h) Kamm – Lamm